W0250185

Copyright © 2011 Gerstenberg Verlag, Hildesheim
Alle Rechte vorbehalten
Published in arrangement with Scriptum Publishers & ARTACASA www.artacasa.nl,
Wiebke van der Scheer
Umschlag vorne: Elisabeth Jonkers www.elisabethjonkers.com: *Keukenprinses rood*
Umschlag hinten: Andrea Letterie www.andrealetterie.nl: Detail aus *Not my cup of Tea*
und Aline E. Jansma: *Caldeirada*
Innenillustrationen: Andrea Letterie
Gestaltung und Satz: typocepta, Wilhelm Schäfer, Köln
Printed in China

www.gerstenberg-verlag.de

ISBN 978-3-8369-2666-9

ARTE IN CUCINA

Meine Rezepte

GERSTENBERG

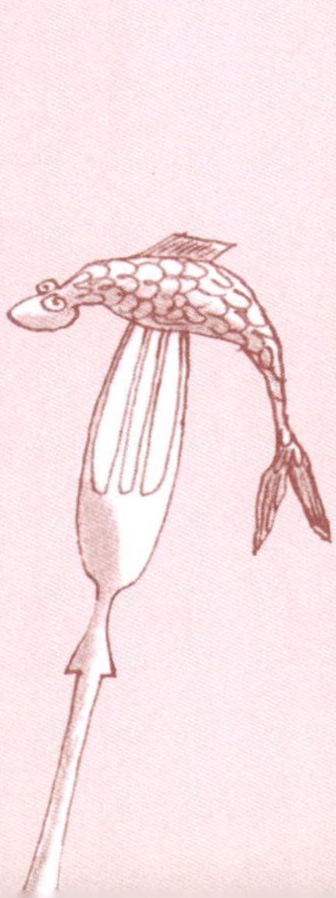

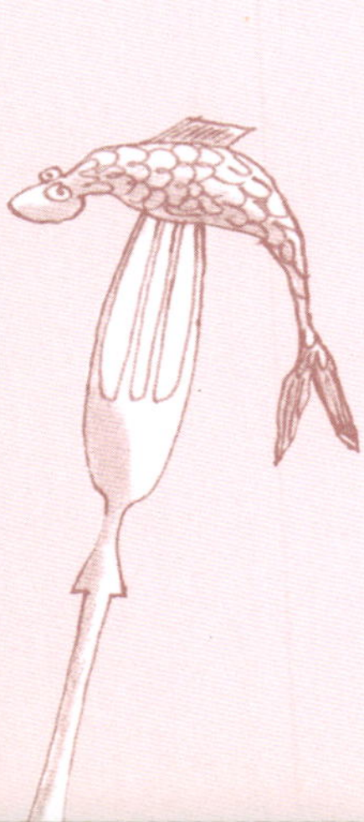

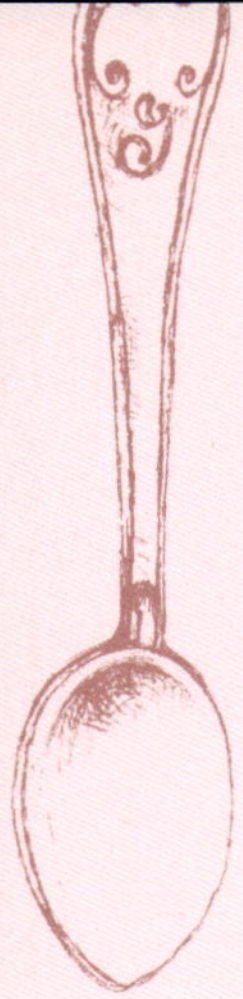

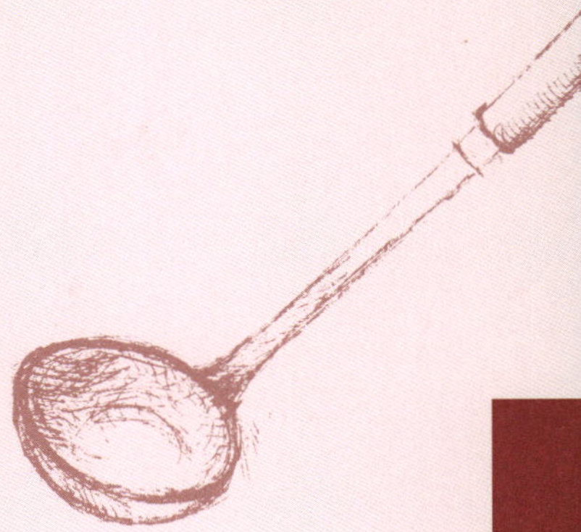

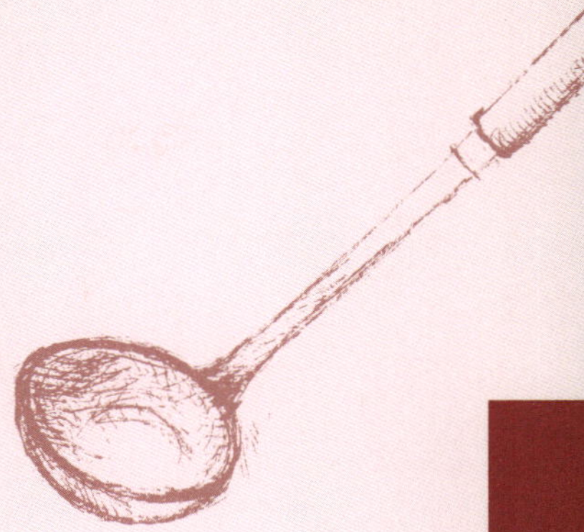

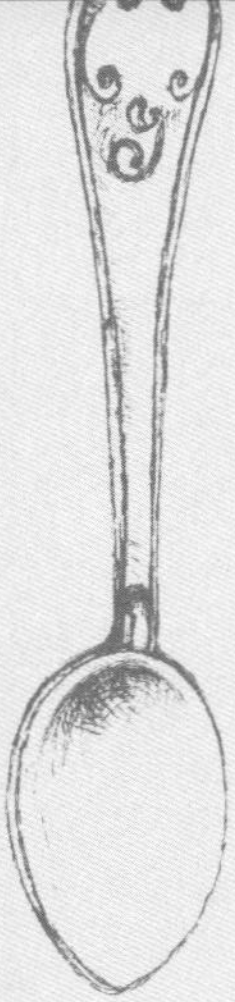

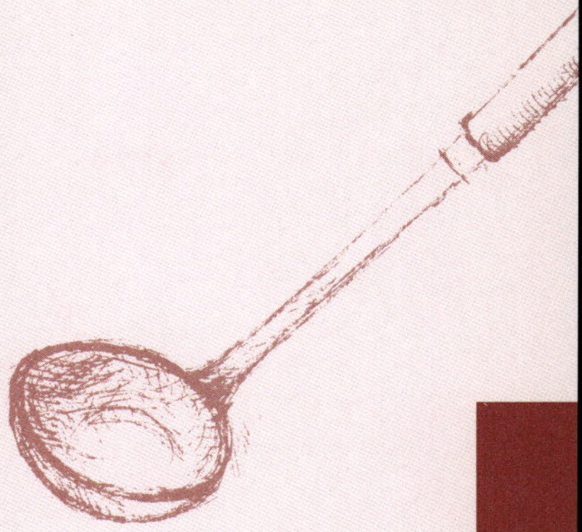

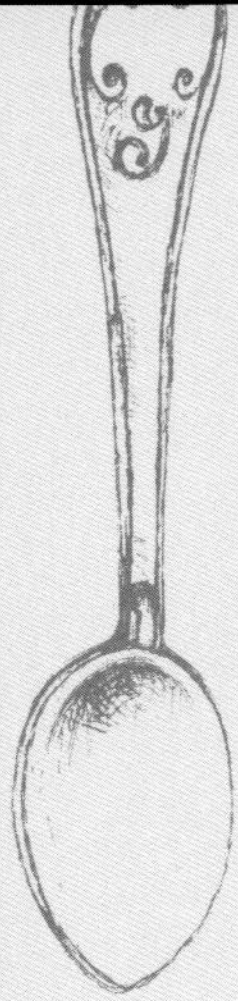

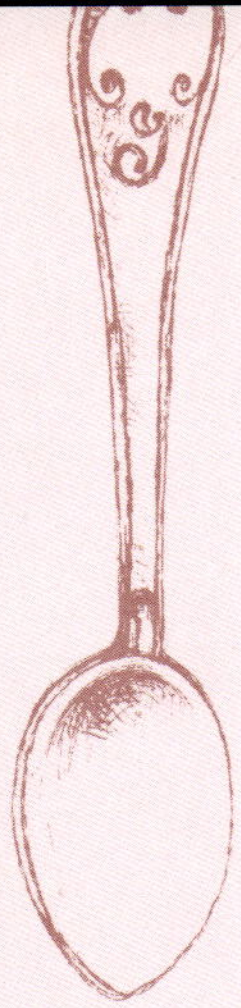

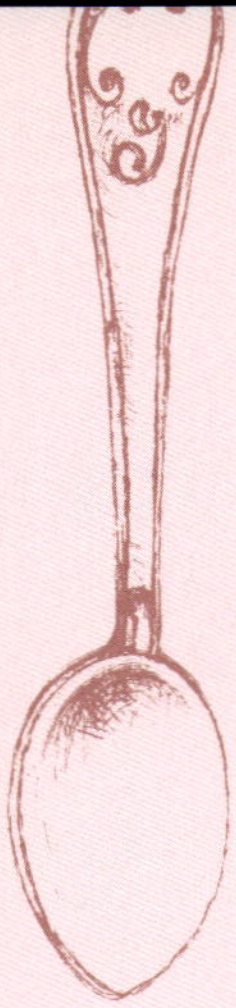

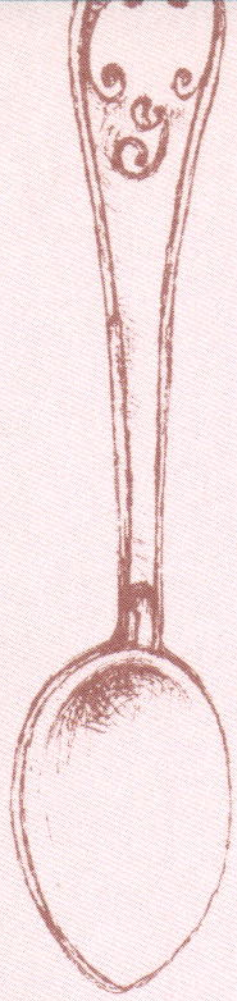

SUPPEN

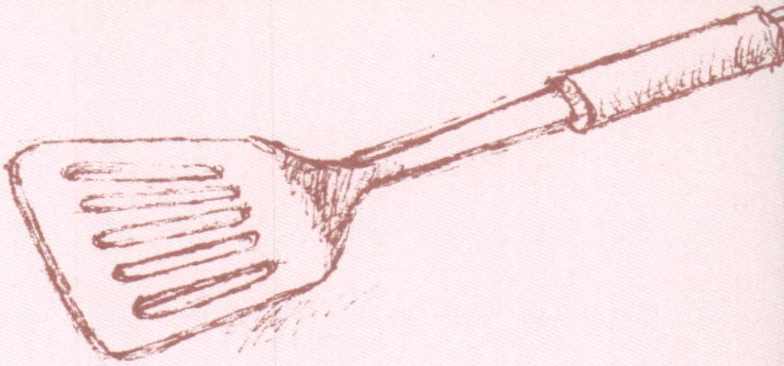

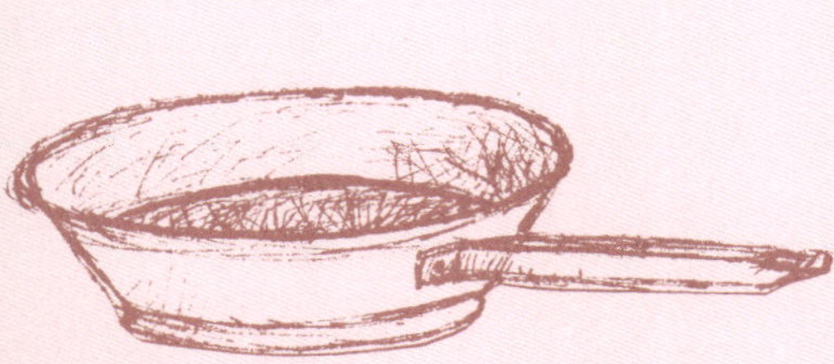

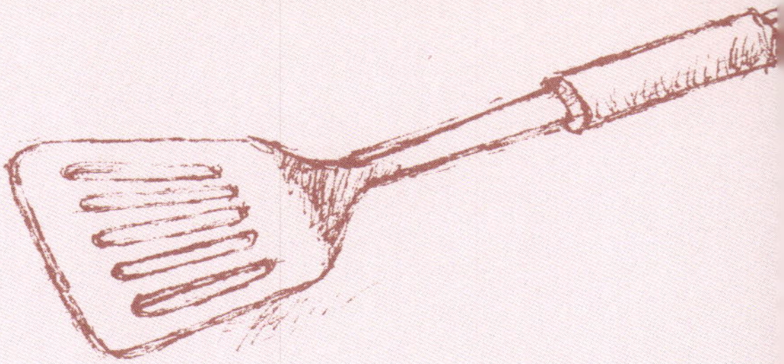

HAUPTSPEISEN

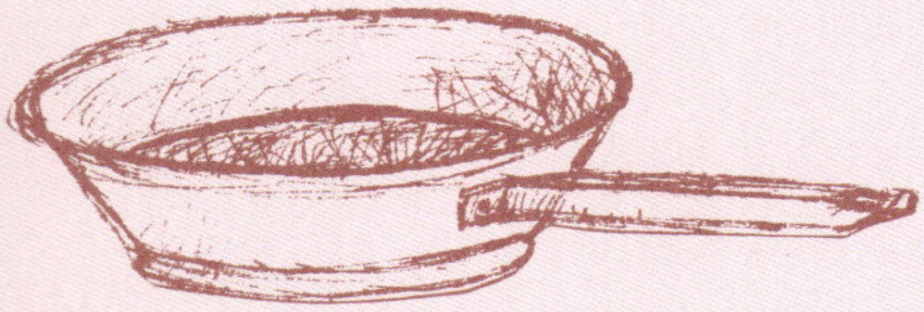

HAUPTSPEISEN

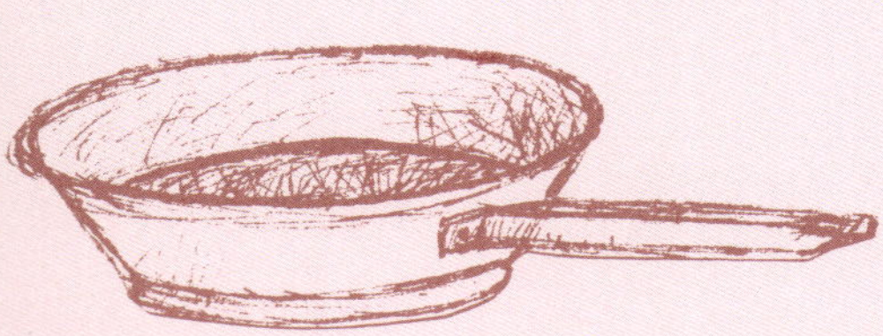

HAUPTSPEISEN

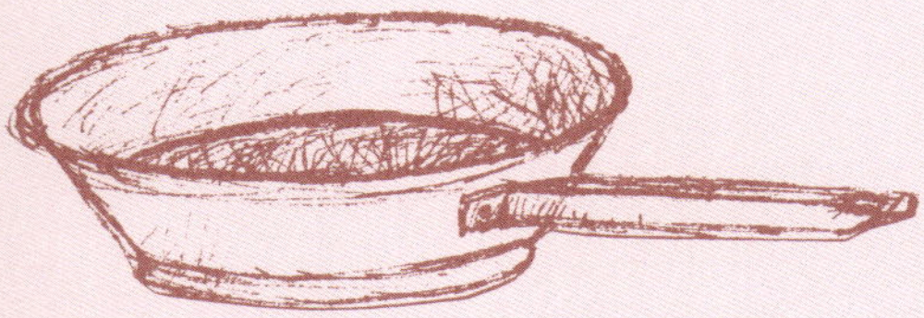

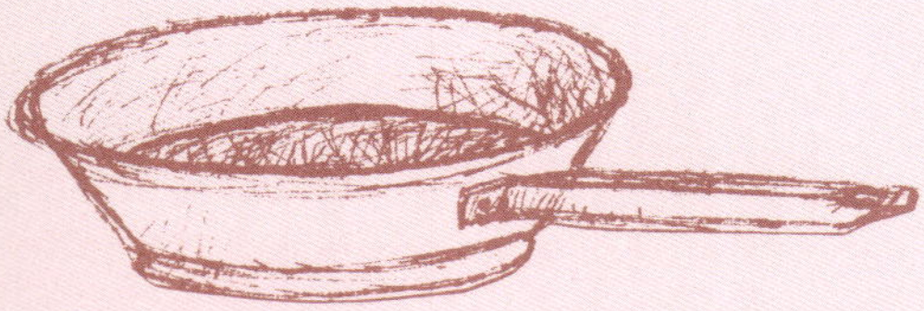

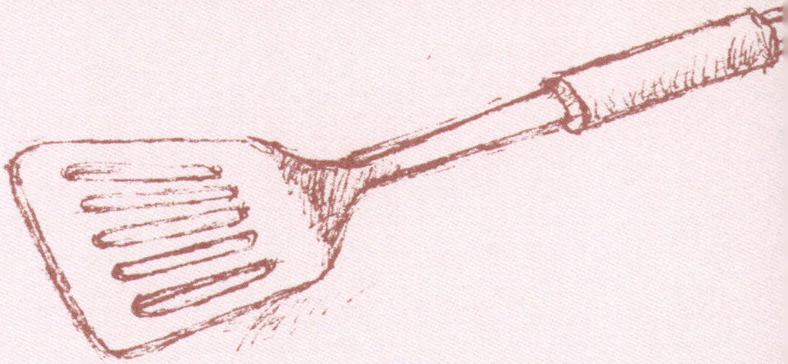

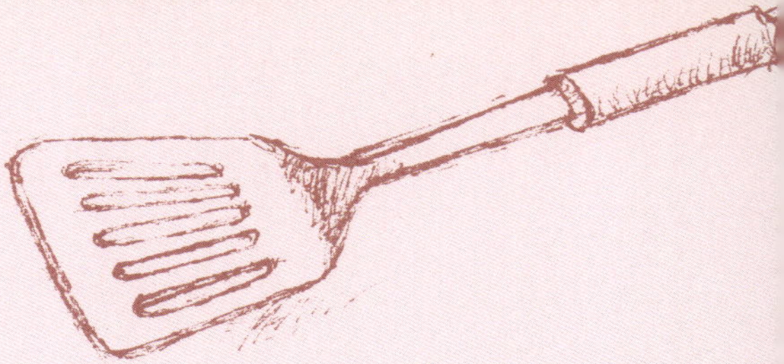

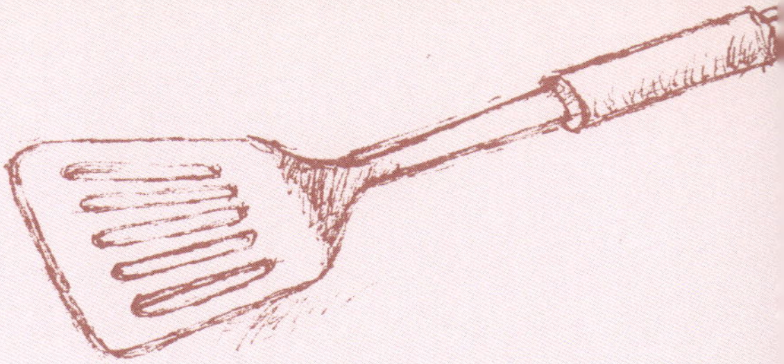

HAUPTSPEISEN

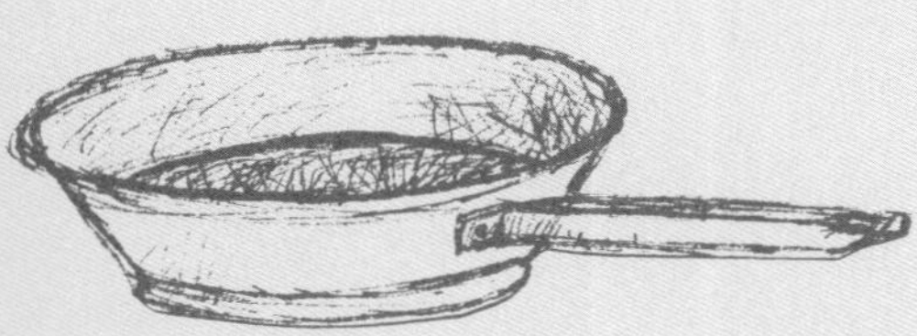

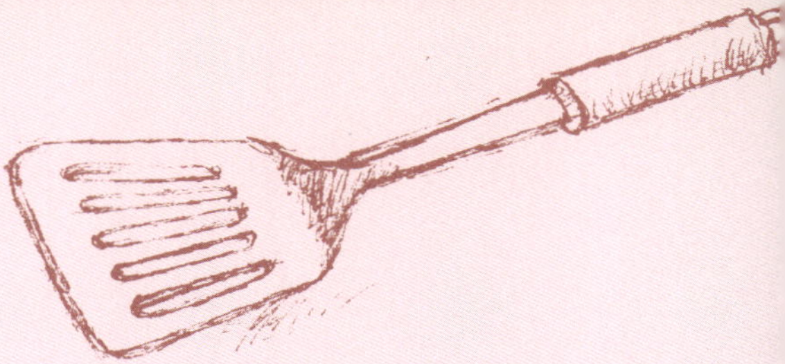

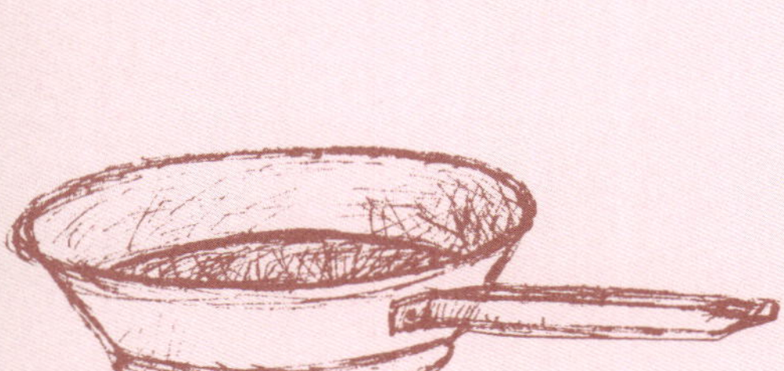

HAUPTSPEISEN

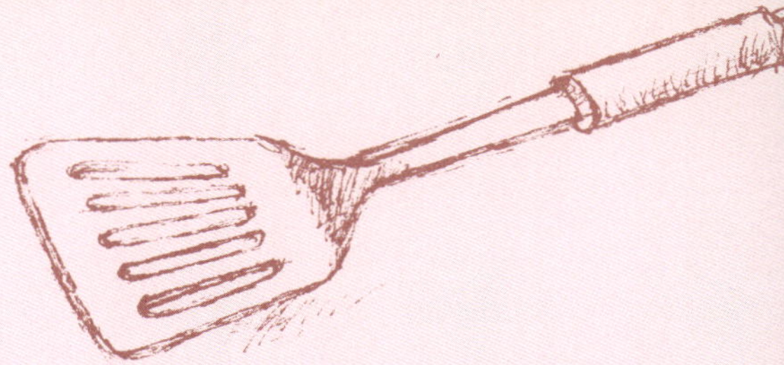

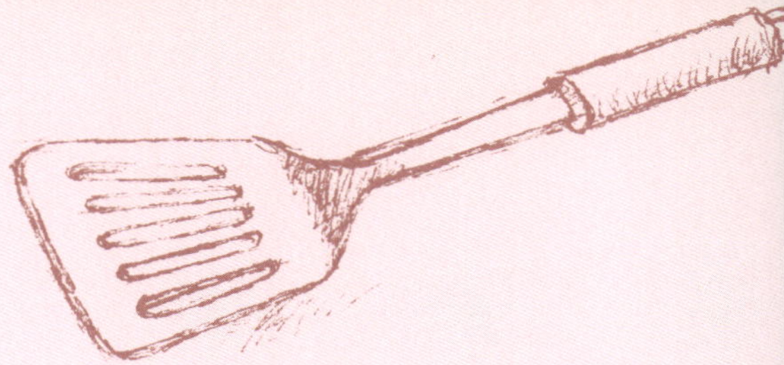

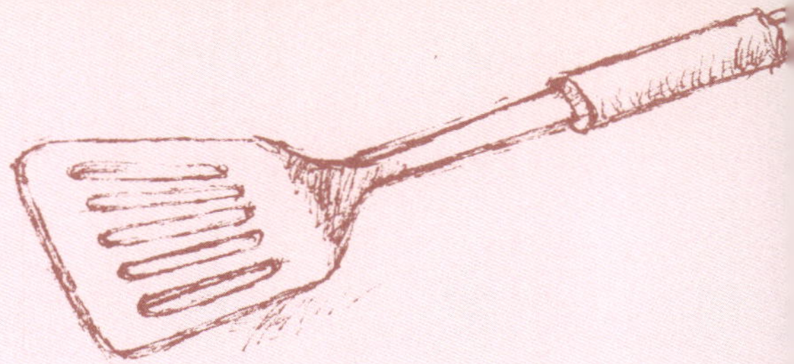

HAUPTSPEISEN

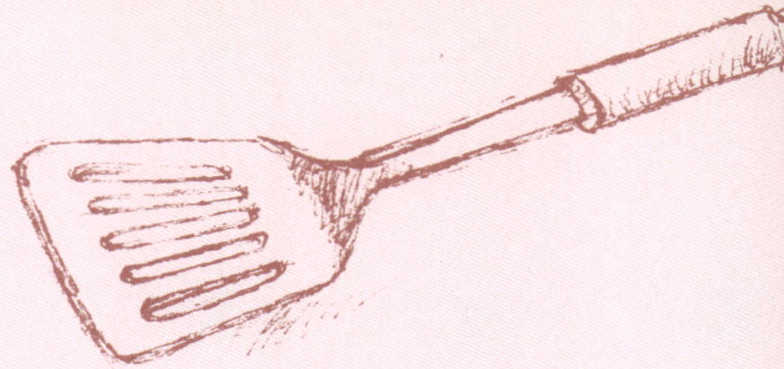

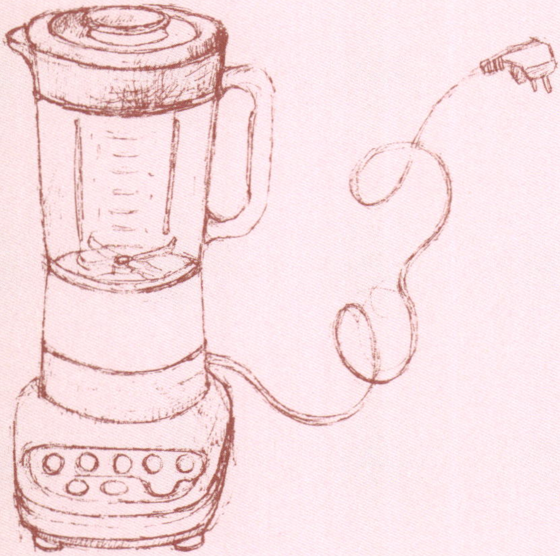

DESSERTS

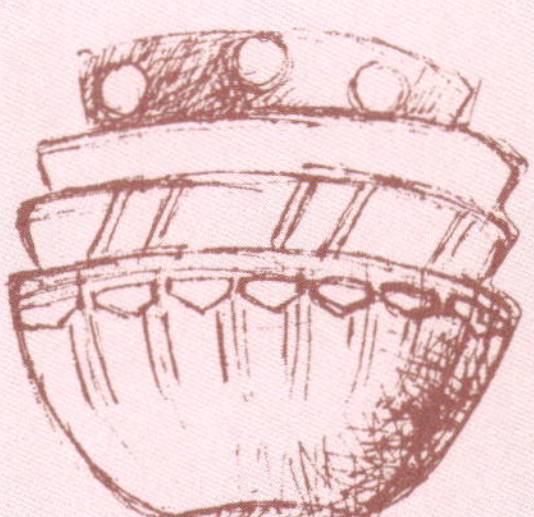

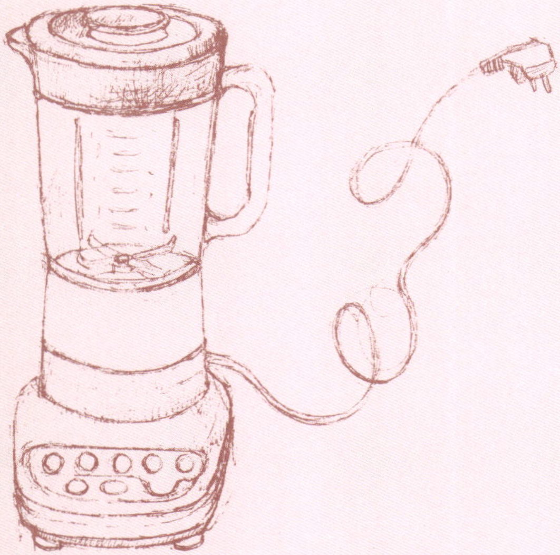

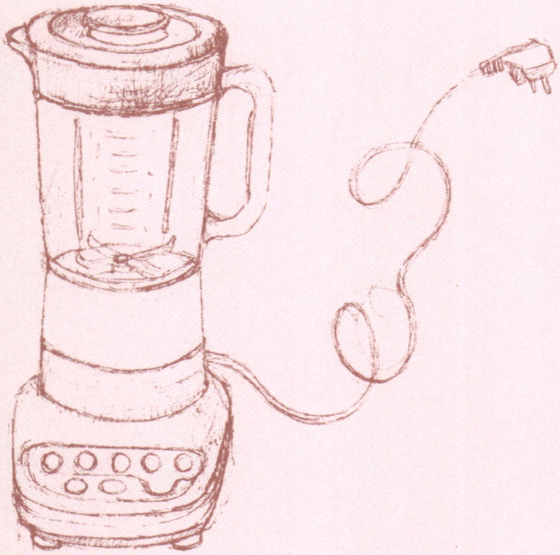

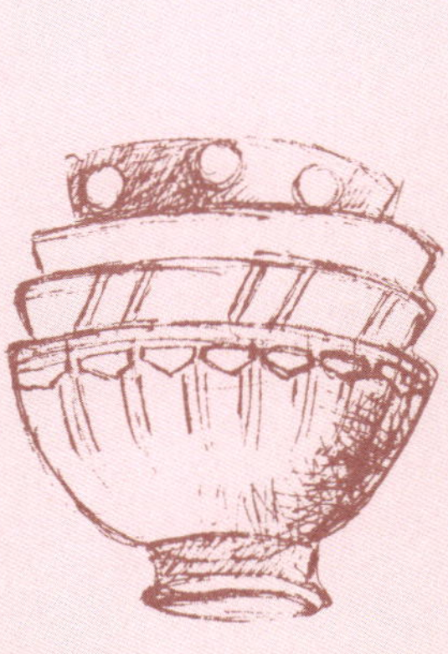

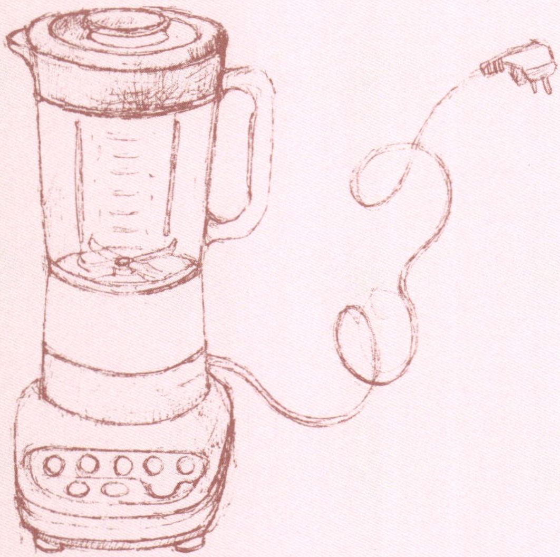

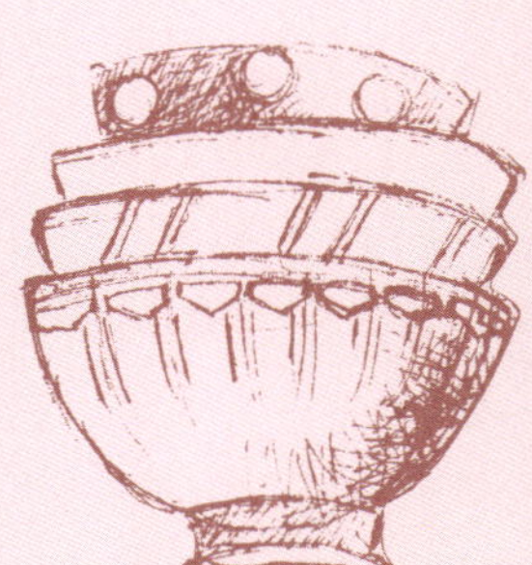

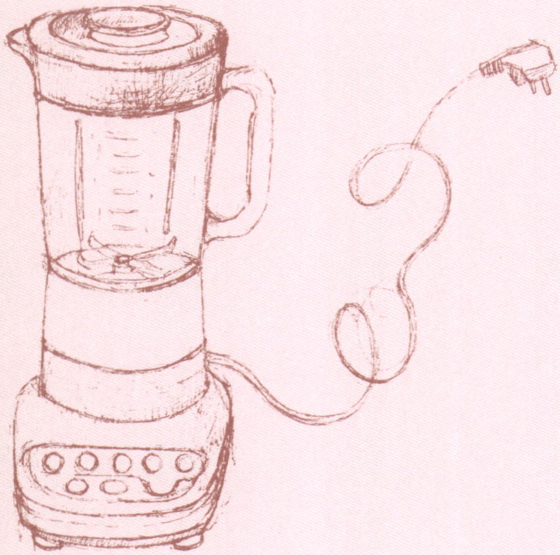

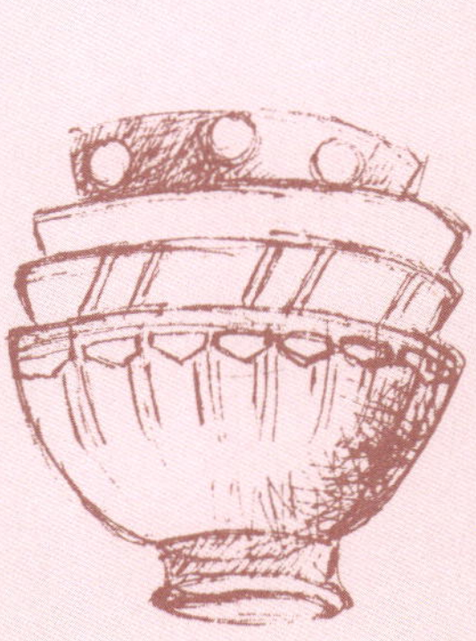

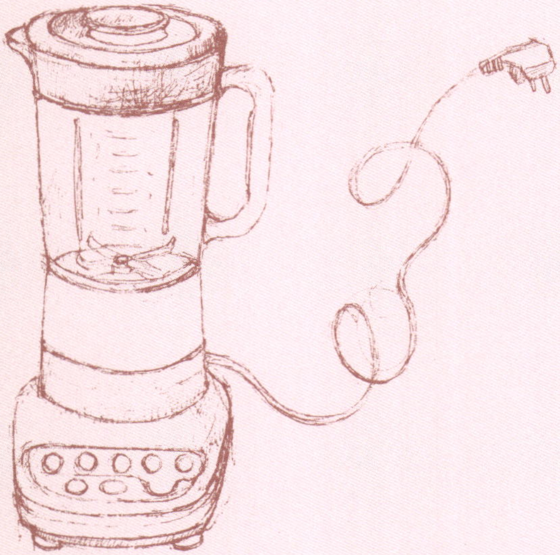

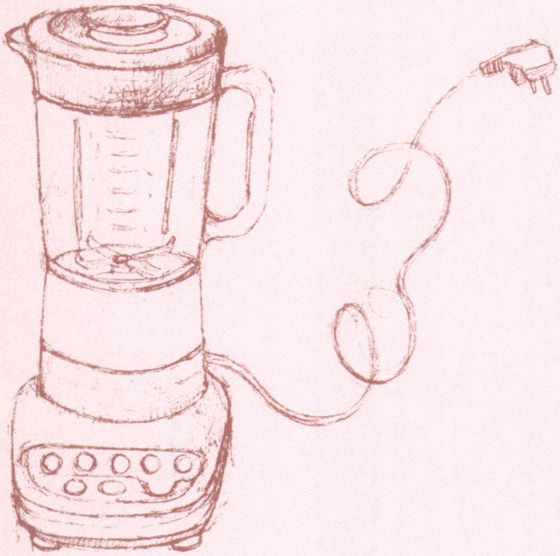

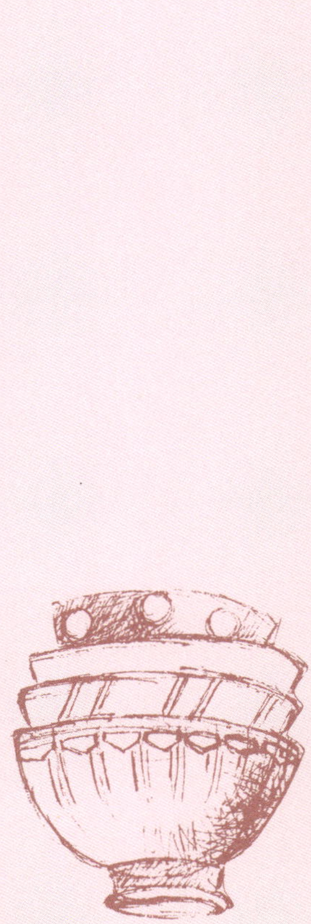

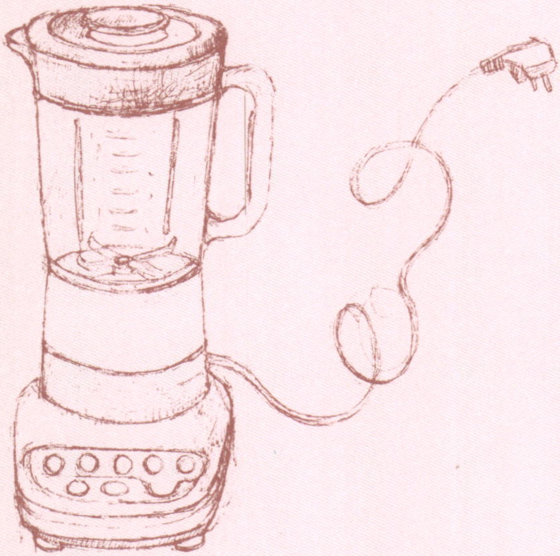

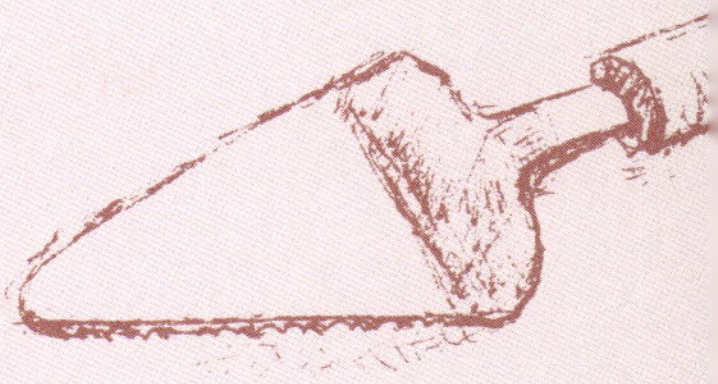

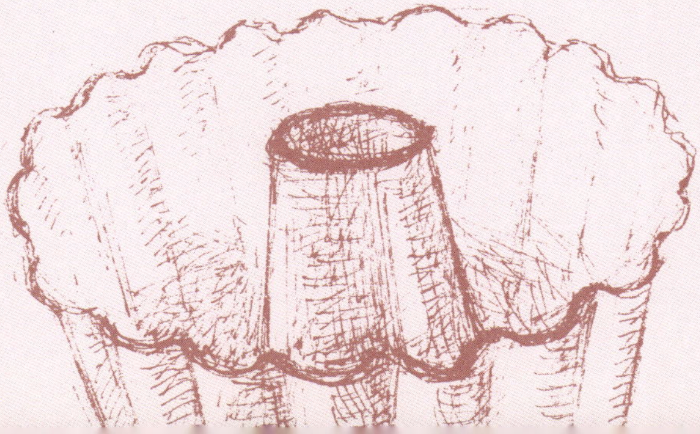

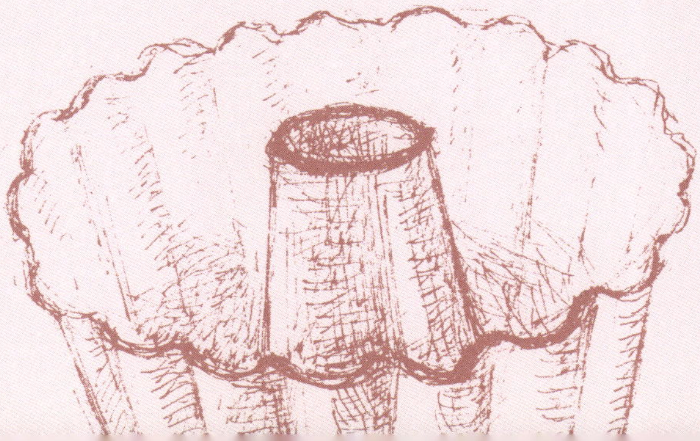

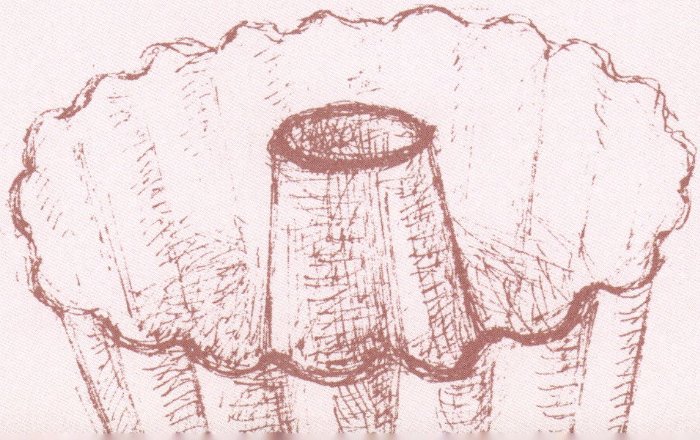

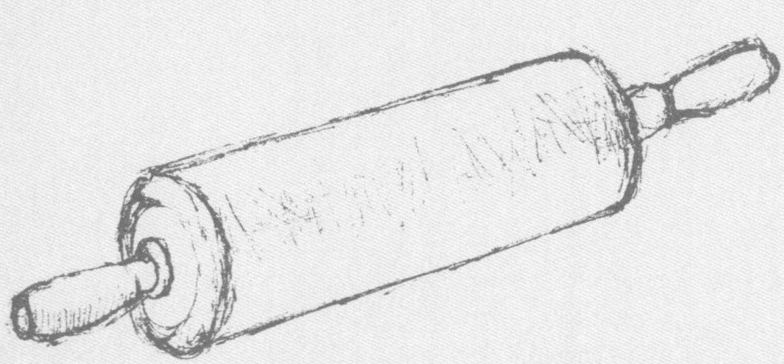

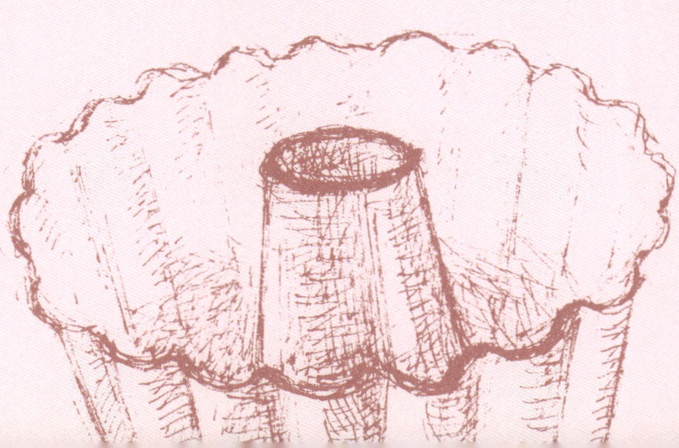

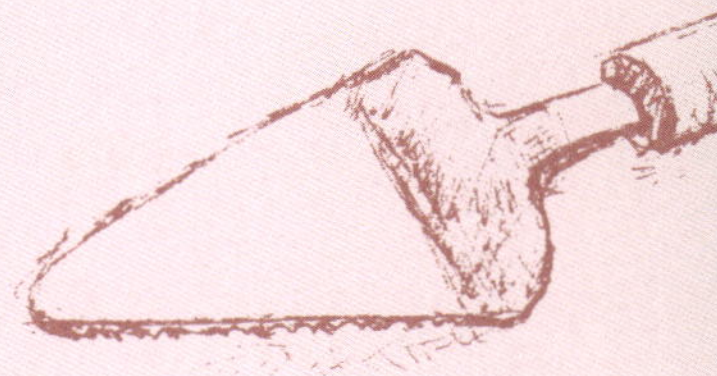

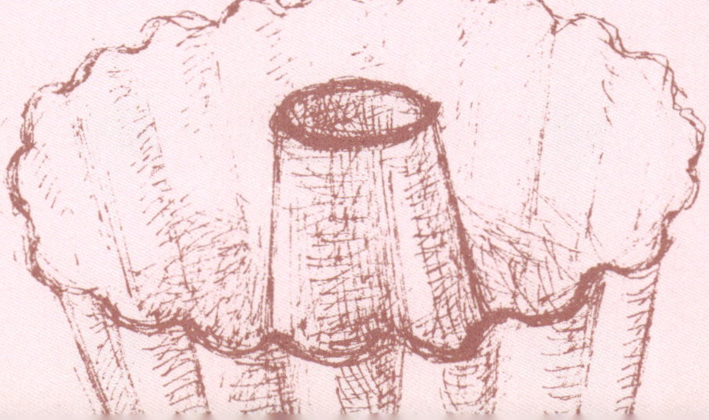

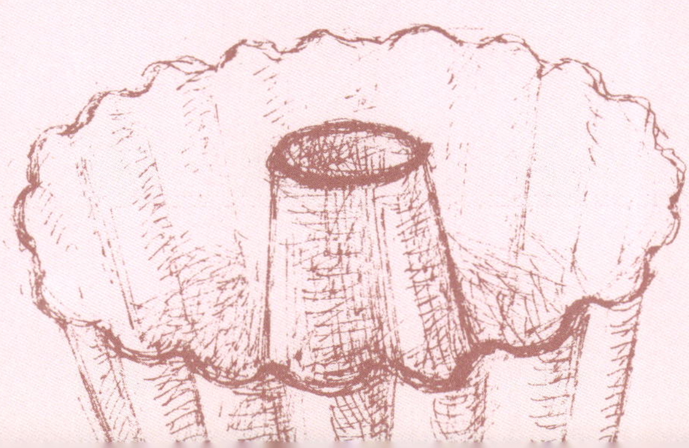

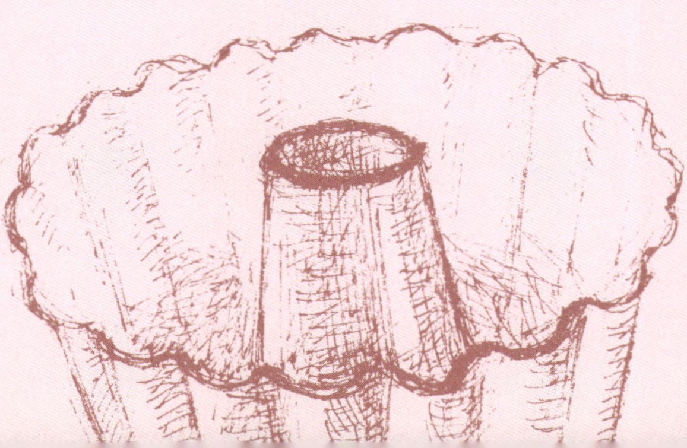

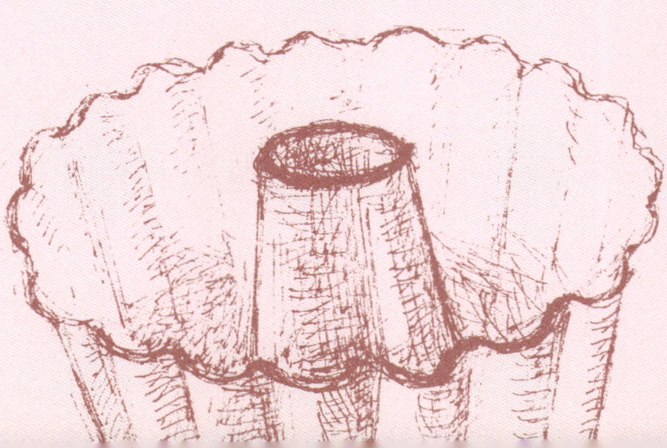

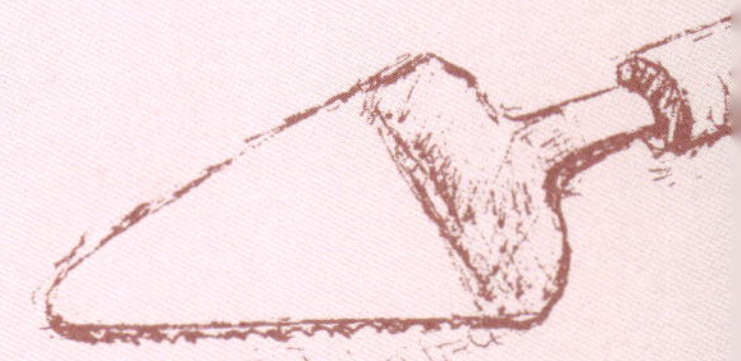

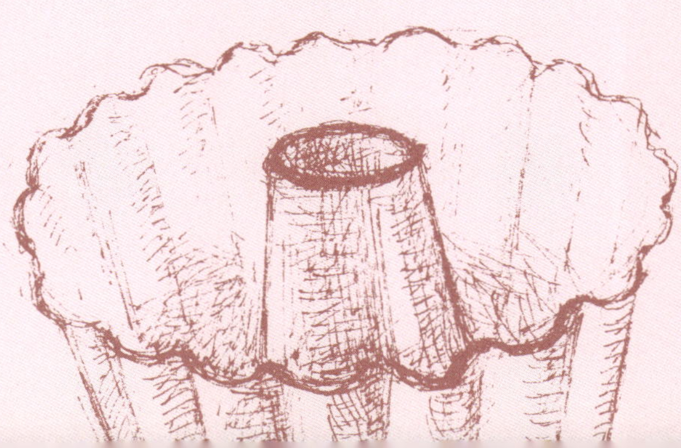

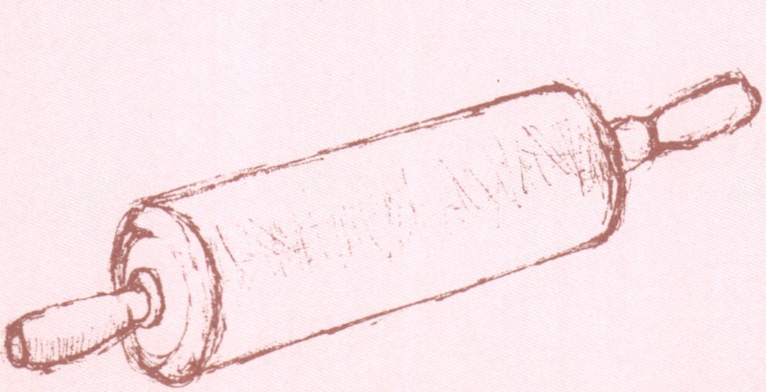

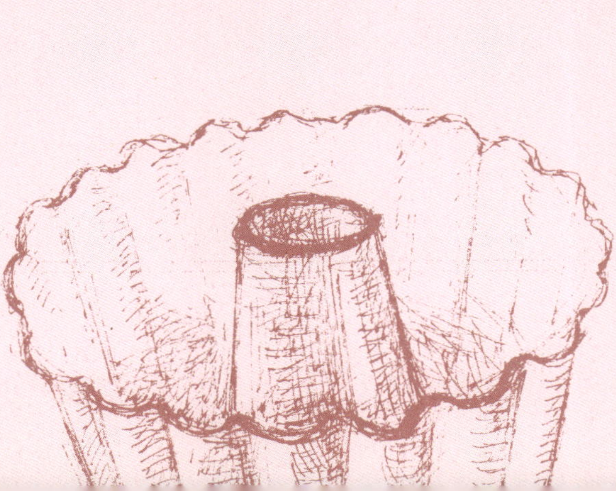